PRIMER PASO:

TOCA ESCALAS
PARA TECLADO

Teclado Alesis QS7 cortesía de Peter Pickow
Fotografía por Randall Wallace

Editor del Proyecto: Felipe Orozco
Fotografía por Randall Wallace
Diseño gráfico por Josh Labouve

Número de Pedido. AM982047
US International Standard Book Number: 0.8256.3360.5

Music Sales America

DISTRIBUTED BY

HAL•LEONARD®
CORPORATION
7777 W. BLUEMOUND RD. P.O. BOX 13819 MILWAUKEE, WI 53213

Amsco Publications
New York/London/Paris/Sydney/Tokyo/Copenhagen/Madrid/Berlin

Lista de Pistas del CD

Contenido

Teoría Básica

Construcción de Escalas

Las escalas son el fundamento sobre el cual se basa la mayoría de la música. Una escala está formada por una serie de tonos que se acomodan en un patrón interválico específico. Un *intervalo* es la distancia entre dos tonos. El intervalo más pequeño se llama *semitono*. El semitono es la distancia entre dos teclas de piano contiguas.

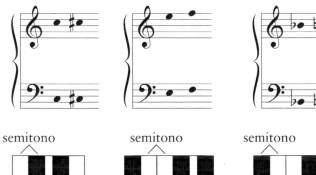

Un *tono* equivale a la distancia de dos semitonos. En el piano, un tono es la distancia que se encuentra entre tres teclas contiguas.

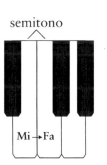

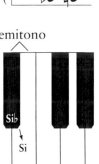

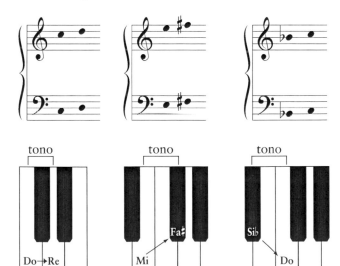

Los tonos y semitonos son dos tipos de intervalos básicos los cuales se usan en la construcción de las escalas. A continuación se presentan otros tipos de intervalos los cuales se usan para determinar la distancia de las notas de una escala. Estos intervalos también se utilizan cuando se habla de los *grados* de la escala en relación a la *tónica,* es decir, el primer grado de una escala determinada.

Observe que la *segunda menor* equivale a un semitono, y la *segunda mayor* equivale a un tono.

Escalas Mayores

El tipo de escala—si es mayor, menor, etc.—se determina por la manera en que se acomodan los tonos y semitonos. La escala mayor cuenta con un semitono entre el tercero y el cuarto grado de la escala, y entre el séptimo y el octavo grado. Todos los demás grados se encuentran a un tono de distancia. Este orden particular (TTSTTTS) is igual en todas las escalas mayores.

C Major Scale

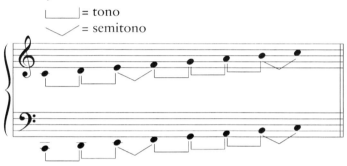

Es común escribir los grados de la escala con números romanos. Observe la relación entre estos números y los nombres de los intervalos.

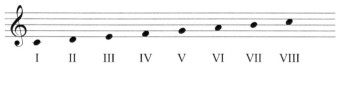

I   II   III   IV   V   VI   VII   VIII

Armaduras

Ahora que ya sabe como se construye la escala de Do, observe el orden de los intervalos de esta escala en relación a las demás escalas mayores. Si usted divide la escala de Do mayor a la mitad, notará que ambas mitades tienen la misma configuración de tonos y semitonos— y que las dos mitades están separadas por un tono. La fórmula de *tono-tono-semitono* es la misma para las dos mitades de la escala. Como todas las escalas mayores usan la misma formula, se puede construír una nueva escala mayor que empiece a partir de la segunda mitad de la escala de Do mayor. El siguiente ejemplo muestra que la escala que obtenemos es la de Sol mayor. A diferencia de la escala de Do, la cual no tiene ninguna *alteración* , la escala de Sol lleva un Fa♯ para que pueda mantener la misma relación intervalica de la fórmula (T-T-S). Como la tonalidad de Sol siempre lleva un Fa♯, este se coloca en la *armadura* de Sol mayor.

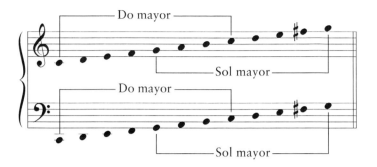

Armadura de Sol Mayor

Ahora vamos a aplicar el mismo proceso que utilizamos para la escala de Do, pero en este caso en la escala de Sol. La nueva escala empieza en Re y tiene dos sostenidos: Fa♯ y Do♯. Como resultado de lo anterior, la armadura de Re mayor tiene dos sostenidos. Observe que para cada escala nueva, el séptimo grado se tiene que subir un semitono y este sostenido se agrega al lado derecho de los otros semitonos en la armadura.

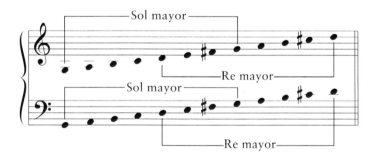

Armadura de Re Mayor

Círculo de Quintas

Como podrá notar en los ejemplos anteriores, hemos estado usando un patrón ; tomamos el quinto grado de la escala para empezar una nueva escala y a cada nueva escala le agregamos un sostenido a la armadura. A continuación se presenta el diagrama del *círculo de quintas*—empieza con la escala de Do mayor y se mueve alrededor de las tonalidades del círculo por medio quintas justas hasta completar el círculo terminando en Do mayor. Esta gráfica le ayudará a tocar y escribir en todas las doce tonalidades.

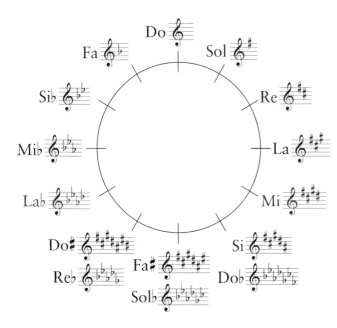

Escalas Menores

Existen tres tipos diferentes de escalas menores: la natural, la armónica y la melódica. Todas las escalas mayores cuentan con una *escala relativa menor.* Esta escala se obtiene empezando por el sexto grado de cualquier escala mayor. Por ejemplo, empiece la escala en el sexto grado de la escala de Do mayor sin cambiar la relación de los intervalos, y obtendrá una escala de La menor. Por los anterior, la escala de La menor es la escala relativa menor de Do mayor. La escala obtenida se llama *natural*, o *pura*, dado que sigue el orden intervalico de la escala mayor sin alterar la armadura. La escala de La menor natural también se conoce con el nombre de *Modo Eólico.*

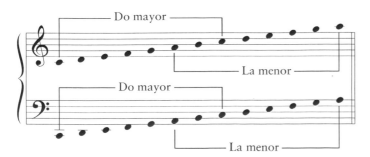

La *escala menor armónica* cuenta con semitonos entre los grados: segundo y tercero, quinto y sexto, y entre el séptimo y el octavo. Observe que la distancia entre el sexto y séptimo grado es de una tercera mayor.

Escala de La menor armónica

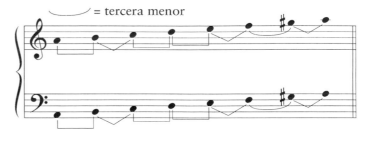

La *escala menor melódica* es diferente a las otras escalas vistas anteriormente en cuanto a que cuenta con dos fórmulas intervalicas diferentes; asciende de una manera y desciende de otra. El orden de la escala melódica menor ascendente cuenta con semitonos entre los grados: segundo y tercero, y entre el séptimo y el octavo grado. El orden de la escala menor melódica descendente cuenta con semitonos entre los grados: sexto y quinto, y entre el segundo y el tercero—con un tono entre el séptimo y el octavo grado (desciende como una esala menor natural).

Escala de La menor melódica ascendente

Escala de La menor melódica descendente

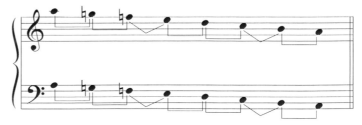

Enarmonía

Las notas enarmónicas son notas que se escriben diferente pero que suenan igual; por ejemplo, Do♯ y Re♭. Notará las siguientes enarmonías en las secciones de las escalas que cuentan con sostenidos y bemoles: Do♯/Re♭, Mi♭/Re♯, Fa♯/Sol♭, La♭/Sol♯, y Si♭/La♯.

Como usar este libro

Las siguientes páginas son una representación gráfica y musical de las siguientes escalas: mayores, menores naturales, menores armónicas y menores melódicas; los modos: Dórico, Frígio, Lidio, Mixolidio y Locrio; así como la escala simétrica (o de tonos enteros). Cada escala se muestra tanto en notación musical como en un diagra-ma de su digitación en el teclado.

La notación musical de cada escala se encuentra arriba de cada diagrama. Las armaduras de cada escala se encuentran a la derecha de las claves de Sol y de Fa (ver página 5). A la derecha de las claves se encuentran las notas de las escalas. Los pequeños números que apare-cen encima de algunas de las notas indican la digitación a seguir. Las notas que cuentan con estos números son: la primera, la última, y las notas donde se realiza el *pivote*. Este último, es el lugar (o notas) dónde el pulgar cruza por debajo de los dedos, o donde los dedos cruzan por encima del pulgar.

El diagrama del teclado contiene dos elementos: Las notas que se tocan para obtener la escala, y la digita-ción. Las teclas sombreadas en gris muestran las notas que se deben tocar (notas de la escala).

Los números en negro representan la digitación de la mano derecha y los números en blanco son para la digitación de la mano izquierda. Los números corres-ponden a los dedos de cada mano: 1 para el pulgar, 2 para el índice, 3 para el medio, 4 para el anular y 5 para el meñique.

Tanto el diagrama del teclado como la notación musical muestran la digitación de cada escala en una octava. Se recomienda practicar cada escala en dos octavas ya que esto le ayudará a mejorar su lectura y su destreza.

Cuando practique en dos octavas, trate de poner atención en el pivote (el lugar donde el pulgar cruza por debajo de los dedos, o los dedos cruzan por encima del pulgar). Asegurese que el pulgar nunca toque las teclas negras. Se dará cuenta que es más fácil mover las manos por el teclado cuando se usa el pulgar como pivote y los otros dedos tocan las teclas negras.

En el CD que se incluye en este libro, usted escuchará la demostración de cada escala con la mano derecha úni-camente (clave de Sol) y no las dos octavas que apare-cen en el diagrama.

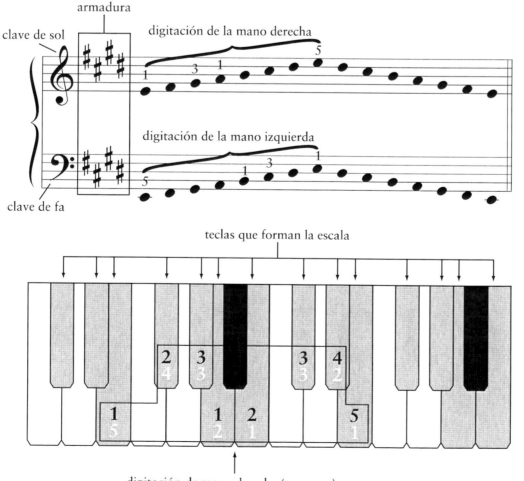

digitación de mano derecha (en negro)
digitación de mano izquierda (en blanco)
(escala en una octava)

Escalas de Do

Do mayor *(Jónica)*

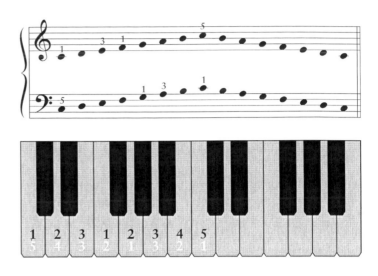

Do menor natural *(Eólica)*

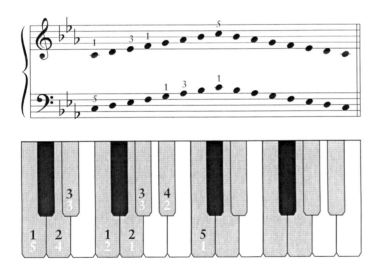

Do menor armónica

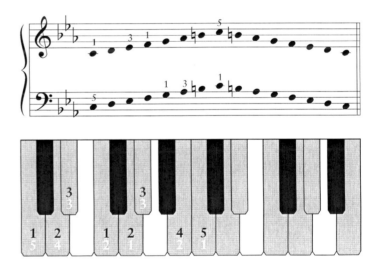

Do menor melódica *(ascendente)*

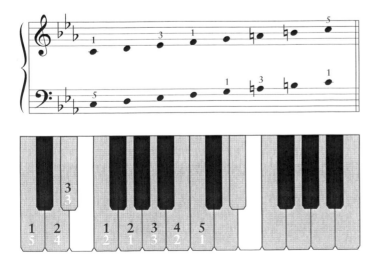

Do menor melódica *(descendente)*

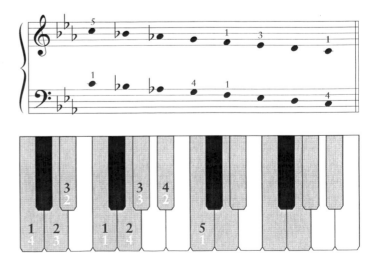

Do Dórica

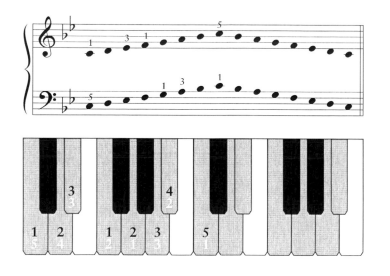

Do Frigia

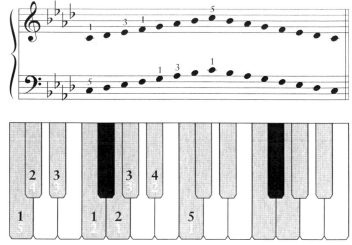

Do Lidia

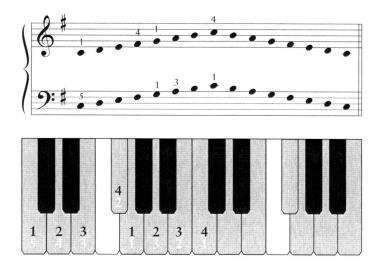

Do Mixolidia

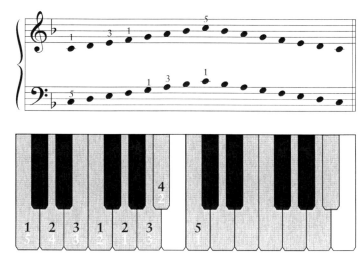

Do Locria

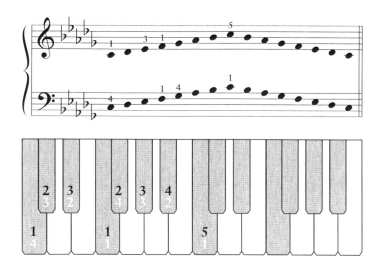

Do simétrica (tonos enteros)

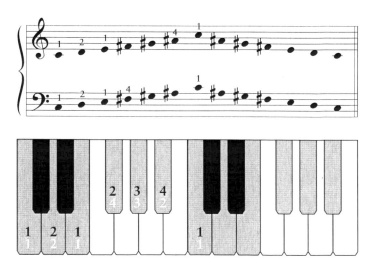

Escalas de Do♯/Re♭

Do♯ mayor (*Jónica*)

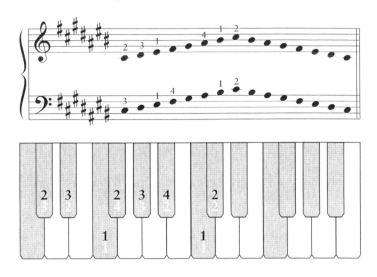

Do♯ menor natural (*Eólica*)

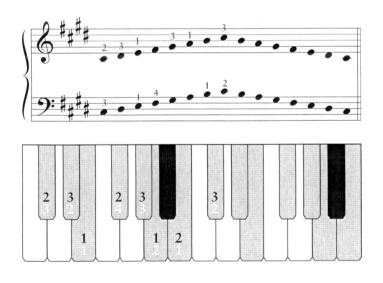

Do♯ menor armónica

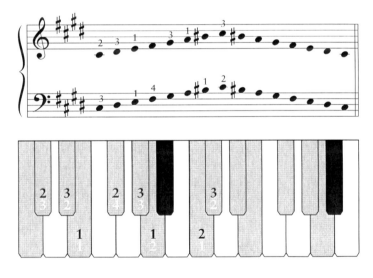

Do♯ menor melódica (*ascendente*)

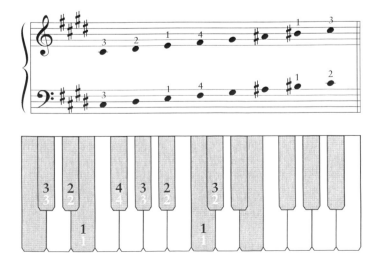

Do♯ menor melódica (*descendente*)

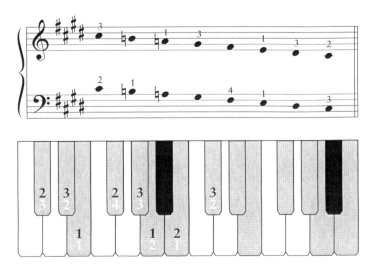

Do♯ Dórica

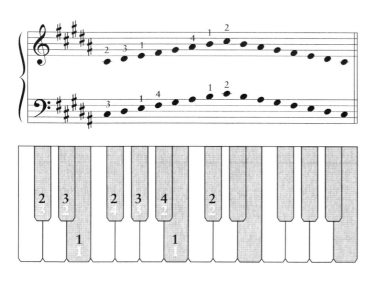

Do♯ Frigia

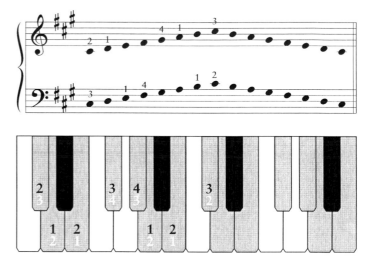

Re♭ Lidia

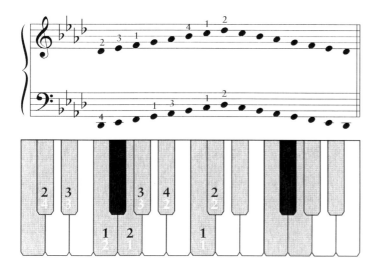

Do♯ Mixolidia

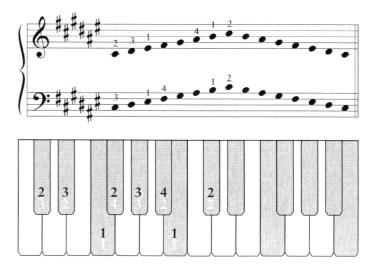

Do♯ Locria

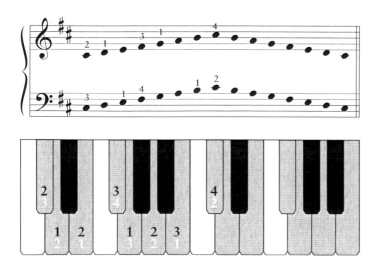

Do♯ simétrica (tonos enteros)

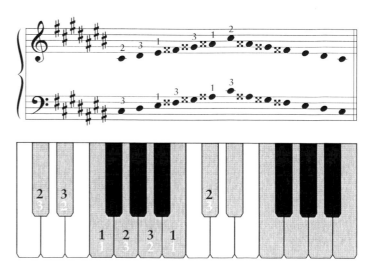

Escalas de RE

RE mayor (*Jónica*)

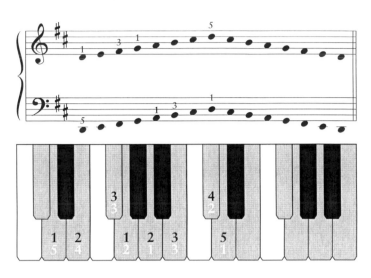

RE menor natural (*Eólica*)

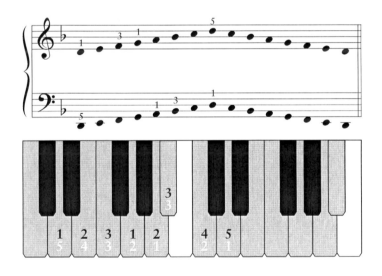

RE menor armónica

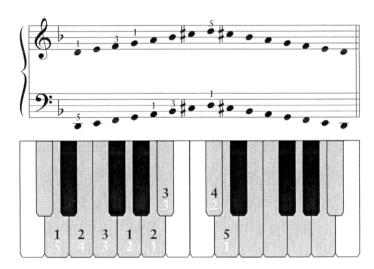

RE menor melódica (*ascendente*)

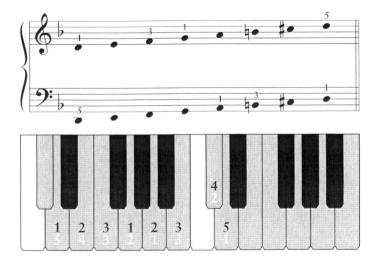

RE menor melódica (*descendente*)

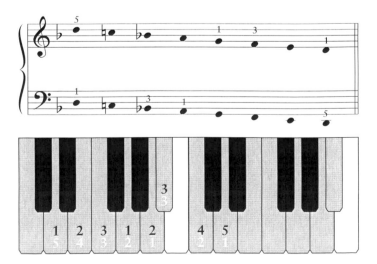

RE Dórica

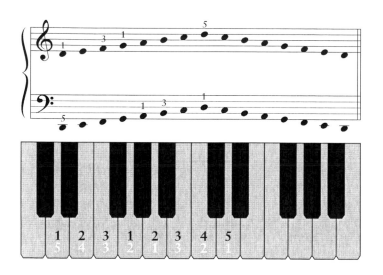

RE Frigia

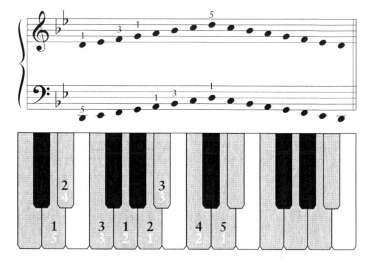

RE Lidia

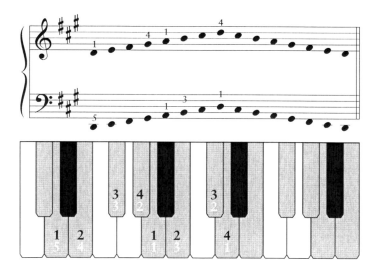

RE Mixolidia

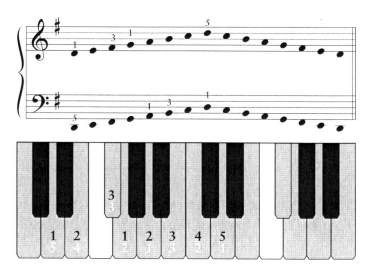

RE Locria

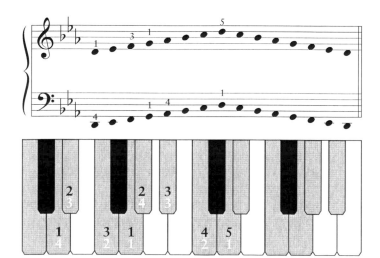

RE simétrica (tonos enteros)

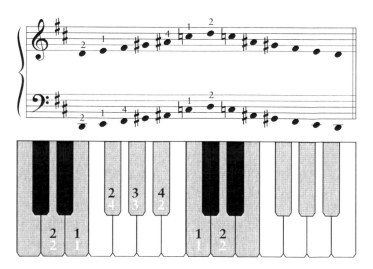

Escalas de Mɪb/Re♯

Mɪb mayor *(Jónica)*

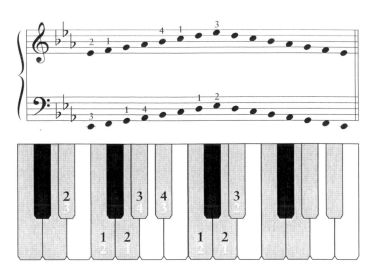

Mɪb menor natural *(Eólica)*

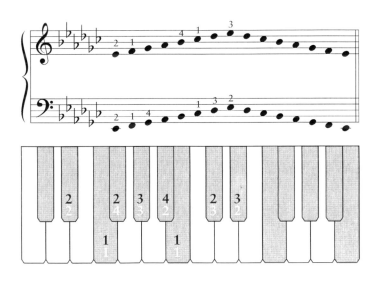

Mɪb menor armónica

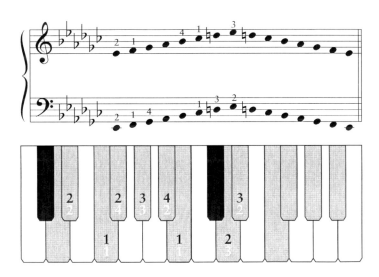

Mɪb menor melódica *(ascendente)*

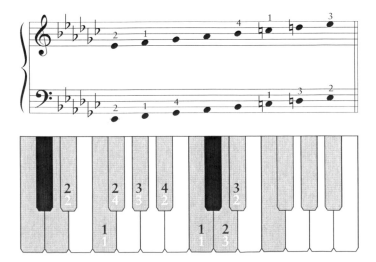

Mɪb menor melódica *(descendente)*

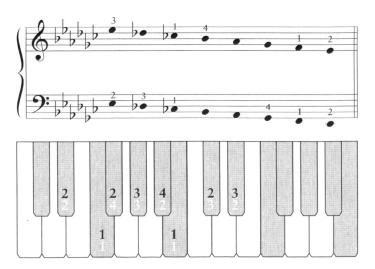

Mi♭ Dórica

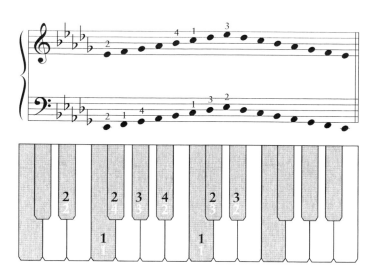

Mi♭ Frigia

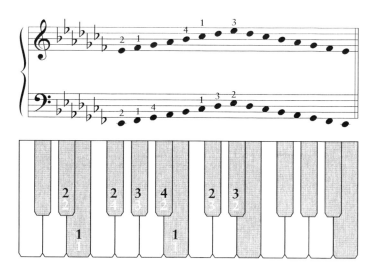

Mi♭ Lidia

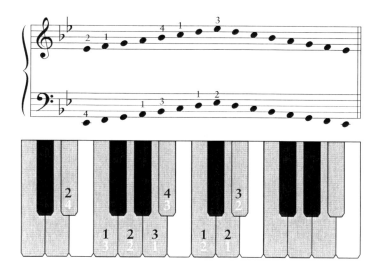

Mi♭ Mixolidia

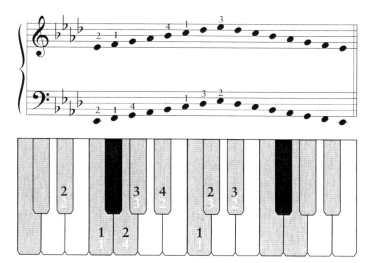

Re♯ Locria

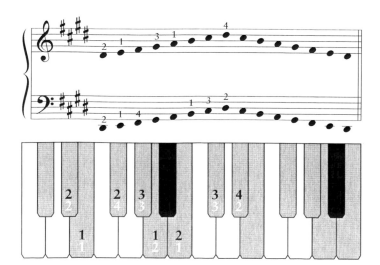

Mi♭ simétrica (tonos enteros)

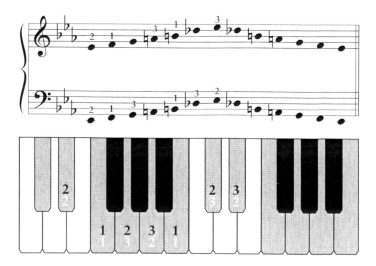

Escalas de Mi

Mi mayor *(Jónica)*

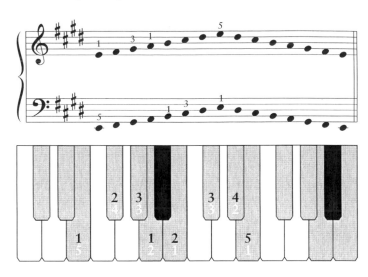

Mi menor natural *(Eólica)*

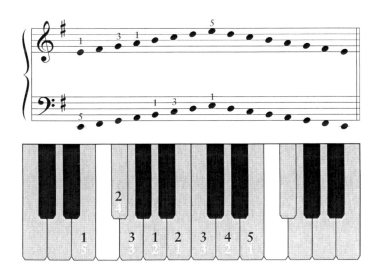

Mi menor armónica

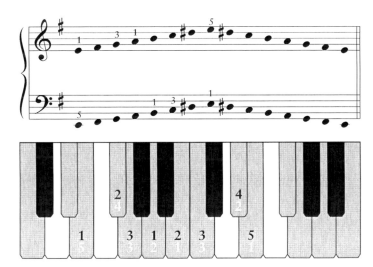

Mi menor melódica *(ascendente)*

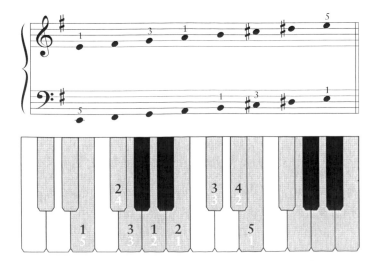

Mi menor melódica *(descendente)*

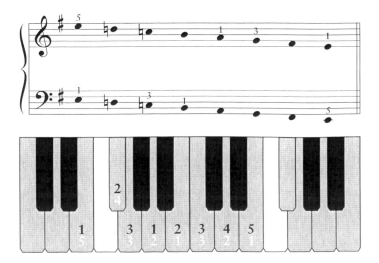

Mı Dórica

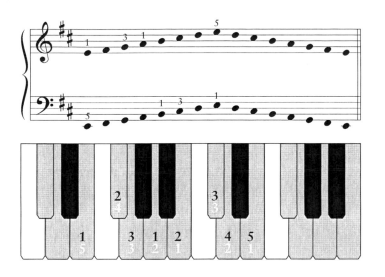

Mı Frigia

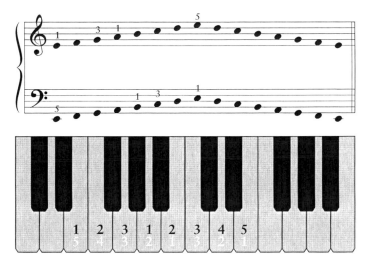

Mı Lidia

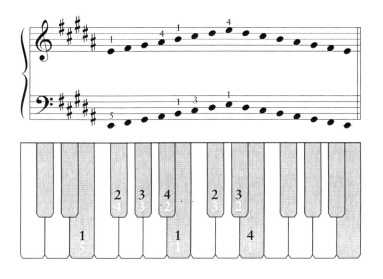

Mı Mixolidia

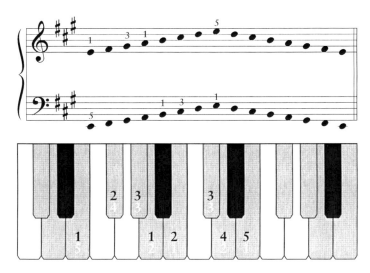

Mı Locria

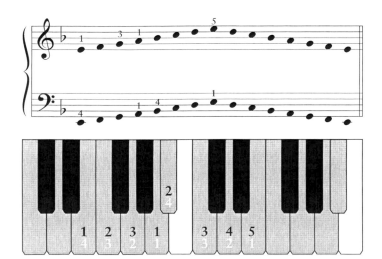

Mı simétrica (tonos enteros)

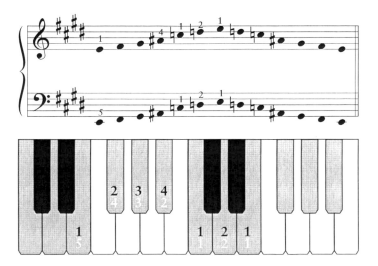

Escalas de FA

FA mayor *(Jónica)*

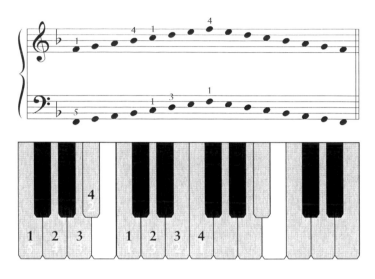

FA menor natural *(Eólica)*

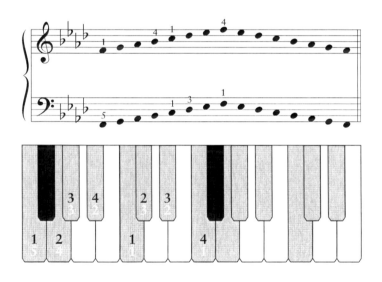

FA menor armónica

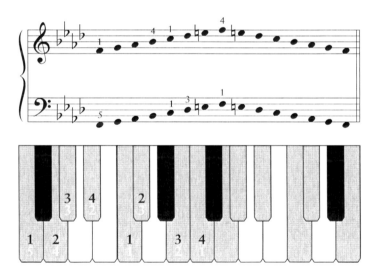

FA menor melódica *(ascendente)*

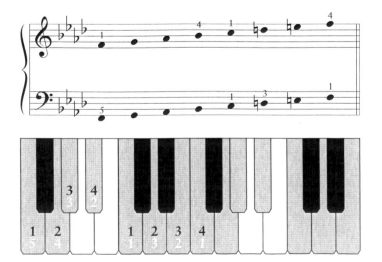

FA menor melódica *(descendente)*

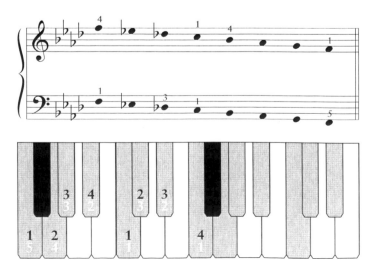

FA Dórica

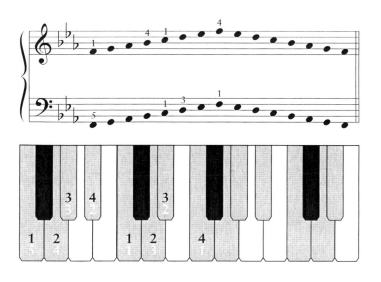

FA Frigia

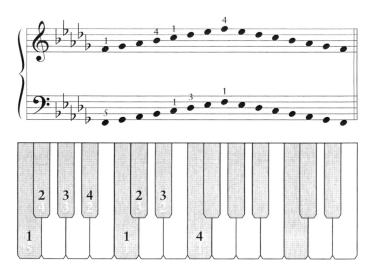

FA Lidia

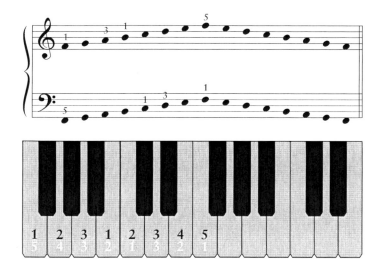

FA Mixolidia

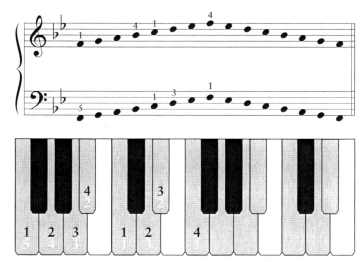

FA Locria

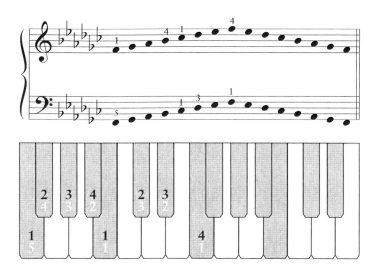

FA simétrica (tonos enteros)

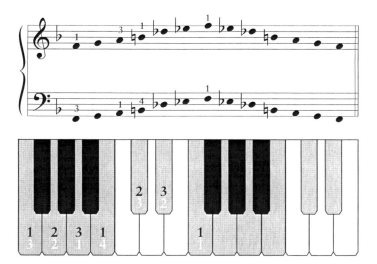

Escalas de Fa♯/Sol♭

Fa♯ mayor (Jónica)

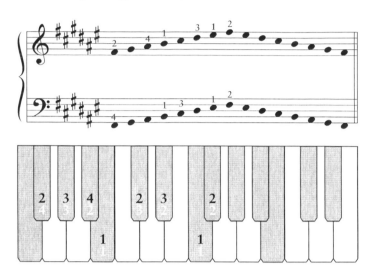

Fa♯ menor natural (Eólica)

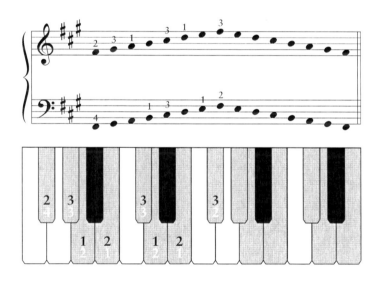

Fa♯ menor armónica

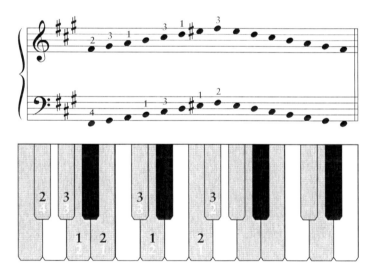

Fa♯ menor melódica (ascendente)

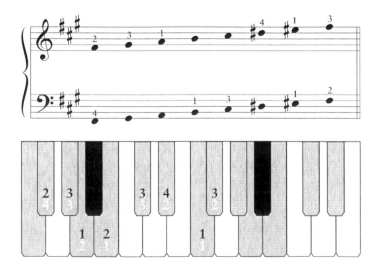

Fa♯ menor melódica (descendente)

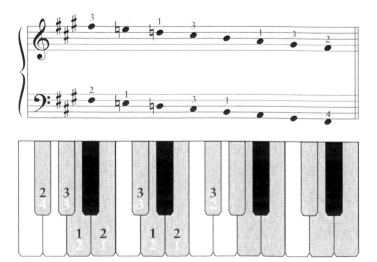

FA♯ Dórica

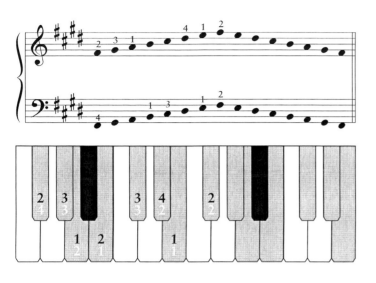

FA♯ Frigia

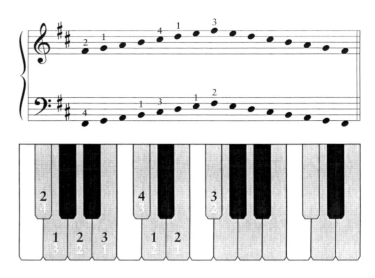

FA♯ Lidia

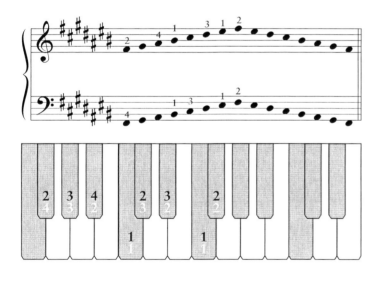

FA♯ Mixolidia

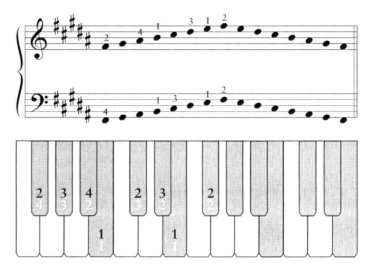

FA♯ Locria

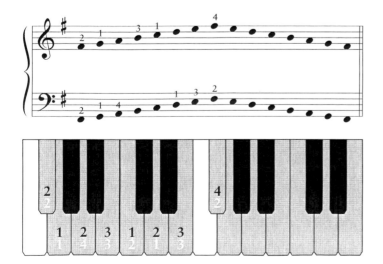

FA♯ simétrica (tonos enteros)

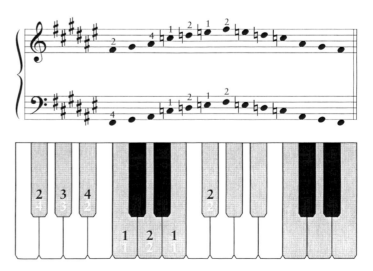

Escalas de Sol

Sol mayor *(Jónica)*

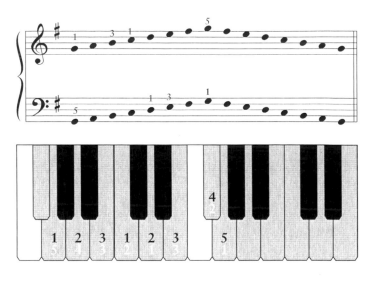

Sol menor natural *(Eólica)*

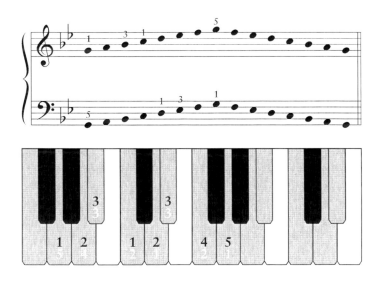

Sol menor armónica

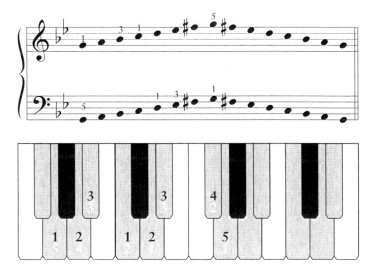

Sol menor melódica *(ascendente)*

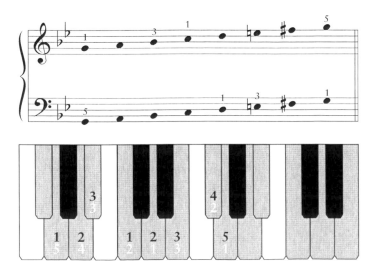

Sol menor melódica *(descendente)*

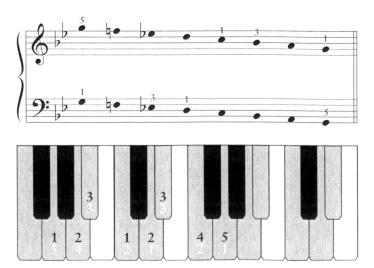

SOL Dórica

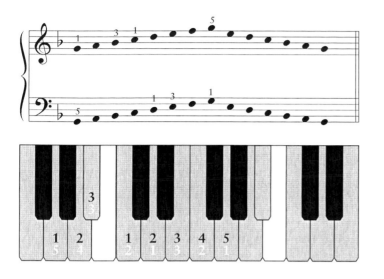

SOL Frigia

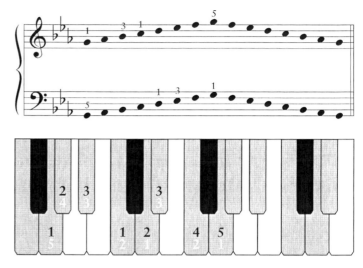

SOL Lidia

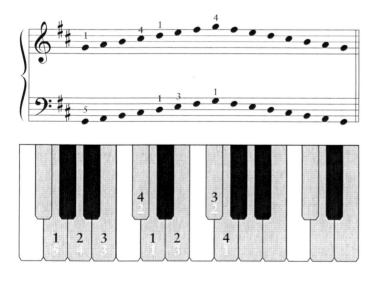

SOL Mixolidia

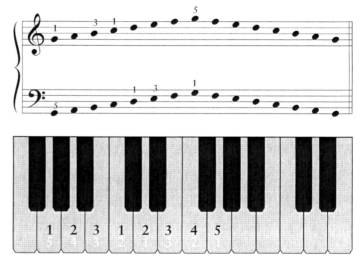

SOL Locria

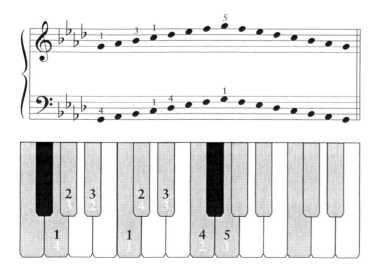

SOL simétrica (tonos enteros)

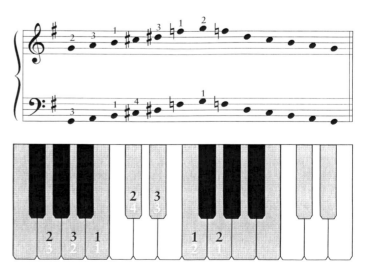

Escalas de Lᴀ♭/Sᴏʟ♯

Lᴀ♭ mayor *(Jónica)*

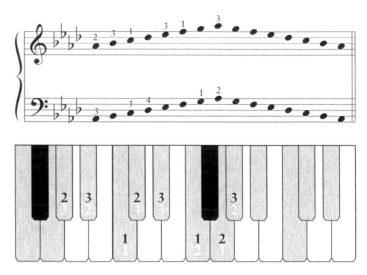

Lᴀ♭ menor natural *(Eólica)*

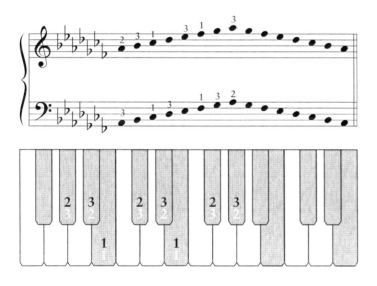

Lᴀ♭ menor armónica

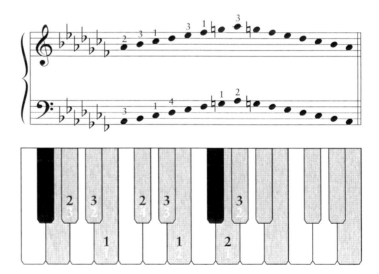

Lᴀ♭ menor melódica *(ascendente)*

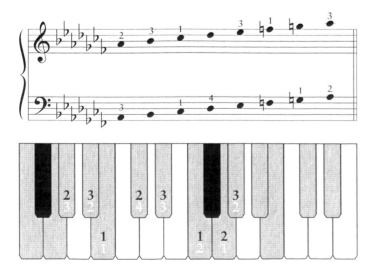

Lᴀ♭ menor melódica *(descendente)*

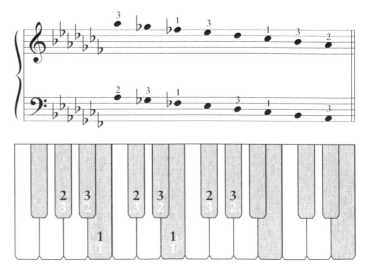

LAb Dórica

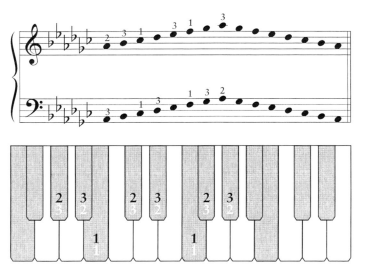

SOL# Frigia

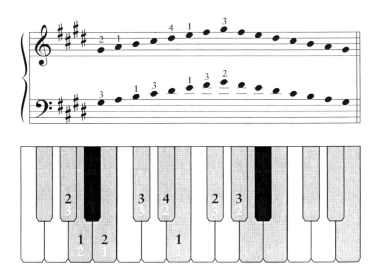

LAb Lidia

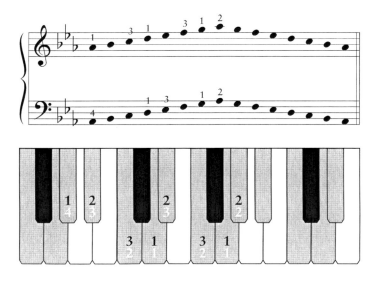

LAb Mixolidia

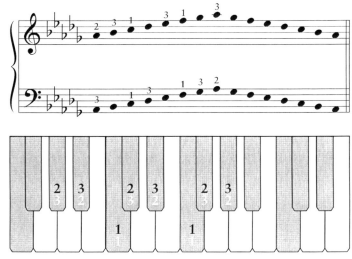

SOL# Locria

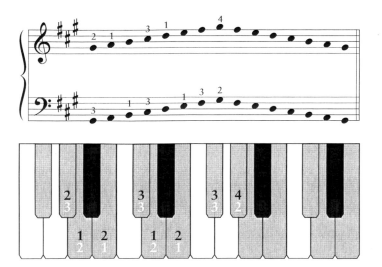

LAb simétrica (tonos enteros)

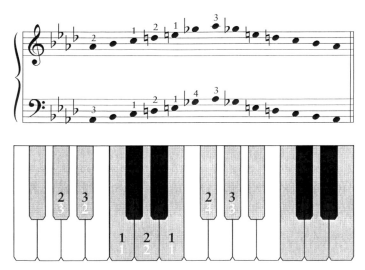

Escalas de LA

LA mayor *(Jónica)*

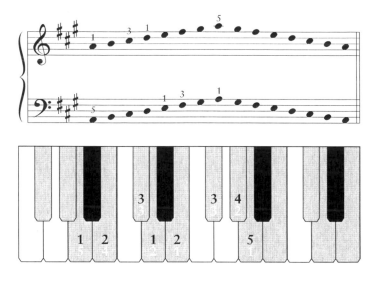

LA menor natural *(Eólica)*

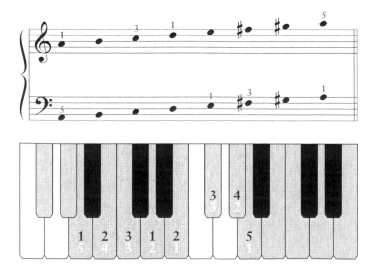

LA menor armónica

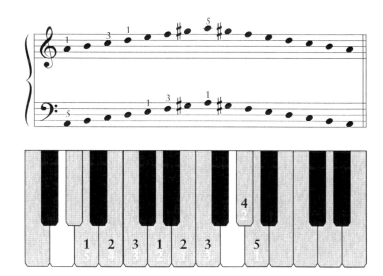

LA menor melódica *(ascendente)*

LA menor melódica *(descendente)*

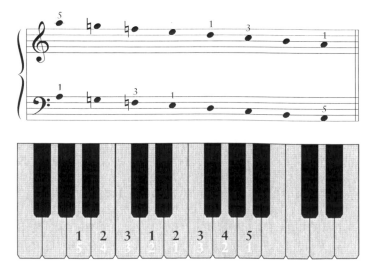

La Dórica

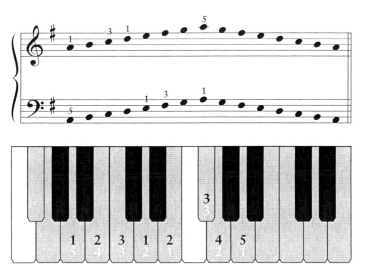

La Frigia

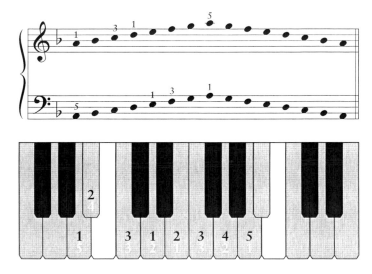

La Lidia

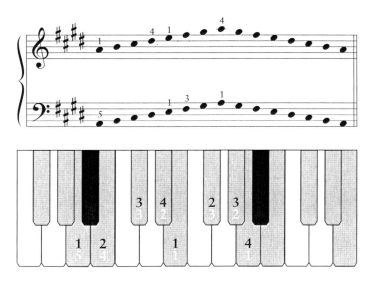

La Mixolidia

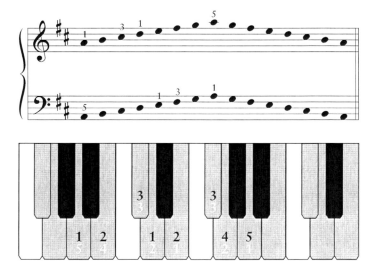

La Locria

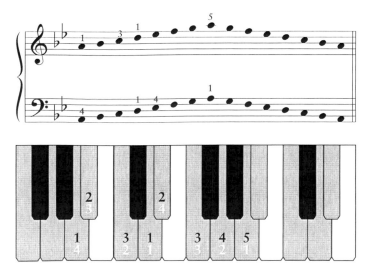

La simétrica (tonos enteros)

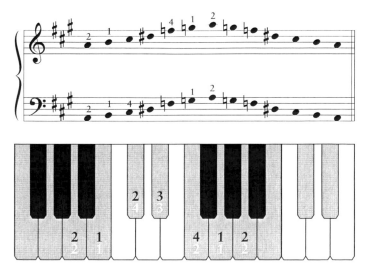

Escalas de S♭/L♯

S♭ mayor *(Jónica)*

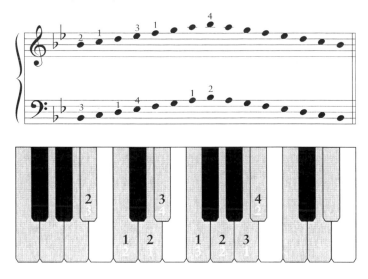

S♭ menor natural *(Eólica)*

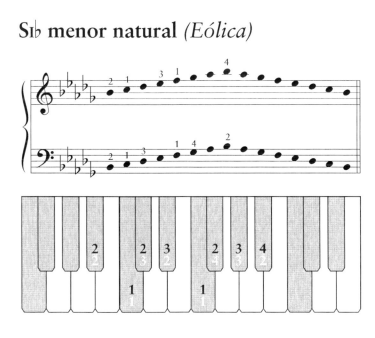

S♭ menor armónica

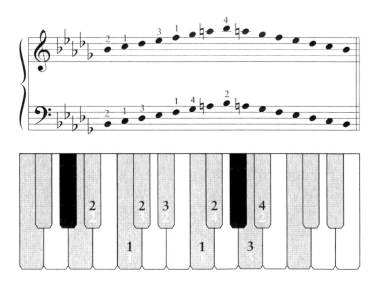

S♭ menor melódica *(ascendente)*

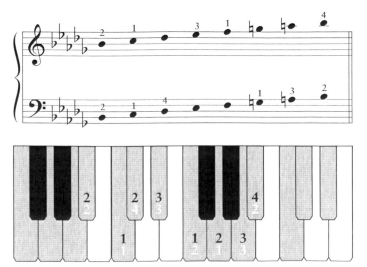

S♭ menor melódica *(descendente)*

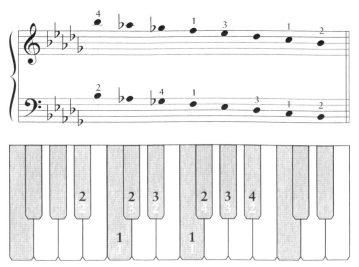

Sɪ♭ Dórica

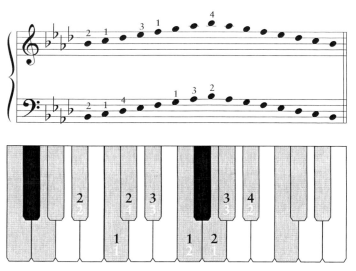

Sɪ♭ Frigia

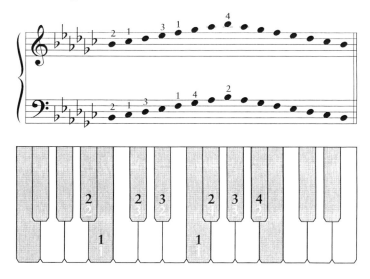

Sɪ♭ Lidia

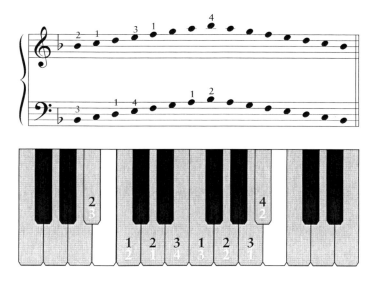

Sɪ♭ Mixolidia

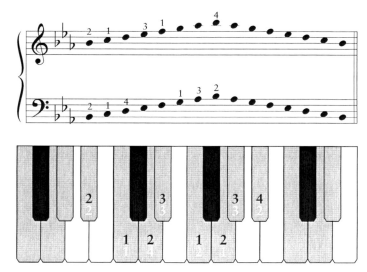

Sɪ♭ Locria

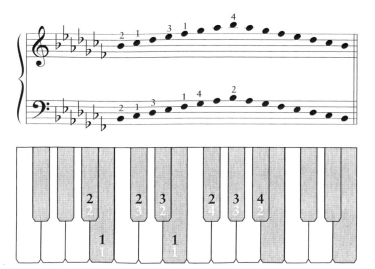

Sɪ♭ simétrica (tonos enteros)

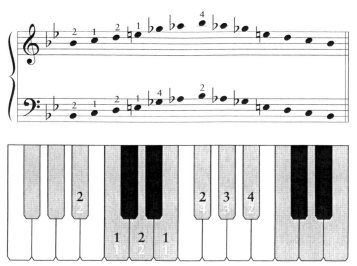

Escalas de Si

Si mayor *(Jónica)*

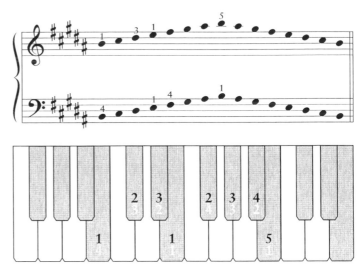

Si menor natural *(Eólica)*

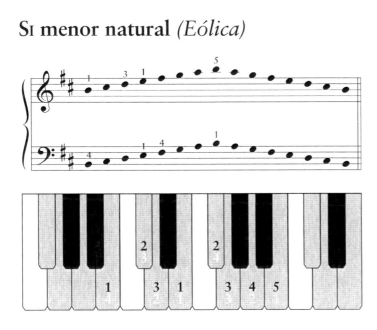

Si menor armónica

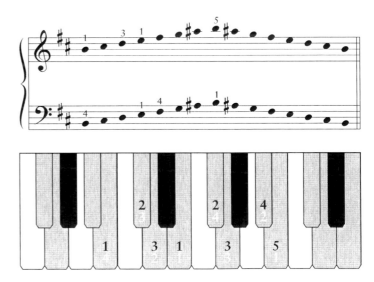

Si menor melódica *(ascendente)*

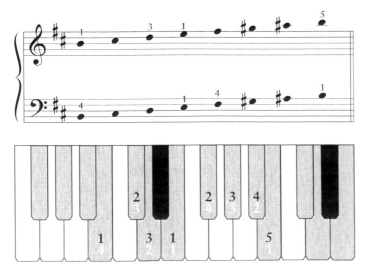

Si menor melódica *(descendente)*

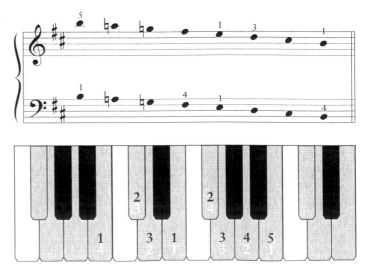

Sɪ Dórica

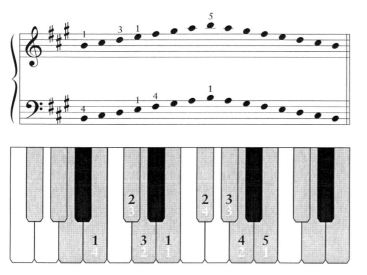

Sɪ Frigia

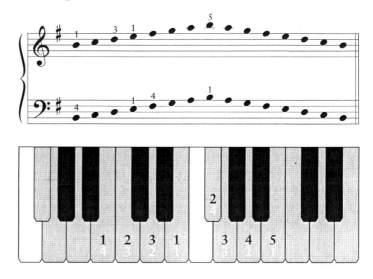

Sɪ Lidia

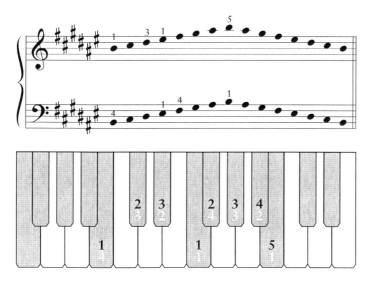

Sɪ Mixolidia

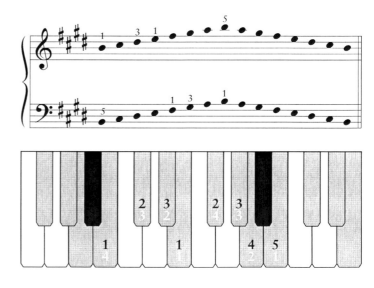

Sɪ Locria

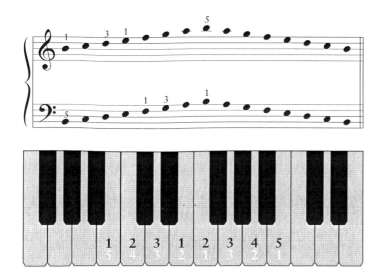

Sɪ simétrica (tonos enteros)

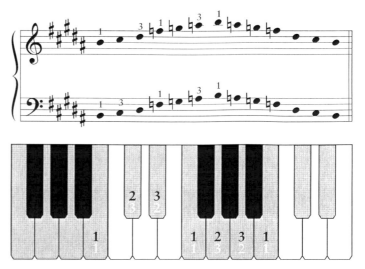